U0134123

Chinesisches Qigong für die Gesundheit

Wu Qin Xi

Zusammengestellt von der Chinesischen Gesellschaft
für Gesundheit und Qigong

Verlag für fremdsprachige Literatur Beijing

Erste Auflage 2008

Übersetzung: Dorian Liedtke
Lektorat: Ren Shuyin

ISBN 978-7-119-05431-5
©Verlag für fremdsprachige Literatur

Herausgeber:
Verlag für fremdsprachige Literatur
Baiwanzhuang-Str. 24, 100037 Beijing, China
Homepage: www.flp.com.cn

Vertrieb:
China International Book Trading Corporation
Chegongzhuang Xilu 35, Postfach 399, 100044 Beijing, China

Vertrieb für Europa:
CBT China Book Trading GmbH
Max-Planck-Str. 6A, D-63322 Rödermark, Deutschland
Homepage: www.cbt-chinabook.de
E-Mail: post@cbt-chinabook.de

Druck und Verlag in der Volksrepublik China

Vorwort

Wu Qin Xi, auch das Spiel der fünf Tiere genannt, ahmt Bewegungen von Tieren und Vögeln nach. Das Spiel der fünf Tiere ist eine Gruppe von körperlichen Übungen und Atemübungen zur Gesundheitspflege, die durch eine einzigartige chinesische Note gekennzeichnet sind.

Das Übungssystem wurde von Hua Tuo entwickelt, einem führenden Arzt aus der Östlichen Han-Dynastie (25–220). Hua entwickelte sein System auf Grundlage bestehender traditioneller antiker chinesischer körperlicher Übungen, die ihrerseits auf den Theorien zur Funktion der inneren Organe und Meridiane und den Prinzipien der Zirkulation von Qi und Blut im menschlichen Körper beruhen. Hua Tuos Inspiration zur Entwicklung des Spiels der fünf Tiere entstand aus eingehenden Beobachtungen des charakteristischen Verhaltens und der Aktivitäten von Tigern, Hirschen, Bären, Affen und Vögeln. Hua kam zu der Erkenntnis, dass wilde Tiere regelmäßig bestimmte Übungen durchführen, um ihre Konstitution zu stärken und ihre Überlebensfähigkeit zu verbessern. Dieses Buch *Chinesisches Qigong für die Gesundheit – Wu Qin Xi* wurde von dem Chinesischen Verband für Gesundheit und Qigong zusammengestellt. In dem Buch werden die körperlichen Bewegungen und spirituellen Ausdrucksformen der Tiere lebhaft beschrieben. Die Prinzipien der traditionellen Qigong-Übungen dienen als Leitfaden für die Lernenden. Im Verlauf der Übungen erlernen sie, ihren Geist mit ihren Bewegungen zu koordinieren und innere Übungen mit äußeren Übungen zu kombinieren. Das Spiel der fünf Tiere wurde nicht zur reinen oberflächlichen Imitation des äußeren Verhaltens der Tiere entwickelt, da dies die Schüler entmutigen, ihren

Enthusiasmus verringern und die Effizienz der Übungen reduzieren würde. Die in den Übungen vorkommenden Körperhaltungen und Bewegungen sind elegant, um die Begeisterung für das Erlernen und die Praxis der Übungen zu fördern. Die Bewegungsabläufe sind vergleichsweise einfach und leicht zu erlernen. Außerdem sind sie ungefährlich, da die körperlichen Anforderungen selbst alte Menschen nicht anstrengen werden. Die technischen Anforderungen sind nicht sehr kompliziert, daher sind die Übungen leicht zu bewerkstelligen und können von Menschen aus unterschiedlichen Altersgruppen und mit unterschiedlichen Vorkenntnissen durchgeführt werden.

Die Erfahrung hat gezeigt, dass sich nach einer bestimmten Zeit der Ausübung sowohl die körperliche als auch die geistige Gesundheit verbessert. Personen, die das Spiel der fünf Tiere praktizieren, haben bei physischen und psychologischen Tests gute Ergebnisse in Hinsicht auf ihre allgemeine Konstitution, die Funktion ihrer Organe, ihr seelisches Gleichgewicht und ihrer Wahrnehmungsfähigkeit sowie ihrer körperlichen Fitness erreicht. Bei Frauen wird das Verhältnis zwischen Hüfte und Po reduziert. Außerdem werden die Herz-Kreislauf-Funktionen und die Atmungsfunktionen deutlich verbessert und die Greifkraft gestärkt. Die subjektive Bewertung der Effektivität dieser Übungen durch Ausübende ergab eine Verbesserung der Körperkraft, eine Verbesserung der Flexibilität der Gelenke und eine Verbesserung der spirituellen Vitalität und des psychologischen Selbstvertrauens.

Inhalt

Kapitel I
Ursprung und Entwicklung

Laut dem Werk *Die Annalen aus der Frühlings- und Herbstperiode des Lü Buwei* (呂氏春秋) kann Wu Qin Xi oder das Spiel der fünf Tiere als Behandlungsmethode für geschwollene Beine bis weit in die chinesische Antike zurückverfolgt werden. Zu diesem Zweck wurde damals eine Art „Tanz" entwickelt, der als der Ursprung der körperlichen Übungen und der Atemübungen gesehen werden kann, die in späteren Zeiten in China entwickelt wurden. In dem Werk *Zhuang Zi* (庄子) heißt es, „Verunreinigungen ausscheiden und frische Luft einatmen, den Gang eines Bären nachahmen und wie ein Vogel seine Flügel strecken, verlängert die Lebenszeit." Dies ist der älteste Hinweis auf die Idee der Gesundheitsfürsorge durch die Imitation der Bewegungen wilder Tiere. Im Jahr 1973 wurde bei Mawangdui in Changsha in einem antiken Grab eine Wandmalerei mit dem Titel *Diagramme für körperliche Übungen und Atemübungen* entdeckt. Die Diagramme zeigen Menschen, die die Bewegungen von Drachen, Sperbern, Bären, Affen, Katzen, Hunden, Kranichen, Schwalben, Tigern und Leoparden nachahmen. Dies ist klar ersichtlich, auch wenn einige Bildunterschriften schwer zu entziffern sind.

Die Entwicklung Wu Qin Xis wird erstmals in der *Biografie Hua Tuos* in *Die Annalen der Drei Reiche* (三国志-华陀传) erwähnt, die von Chen Shou während der westlichen Jin-Dynastie (265–316) verfasst wurden. In dem Buch schreibt Chen: „Hua Tuo entwickelte eine Reihe von Übungen, die das Spiel der fünf Tiere genannt werden, nämlich erstens Tiger, zweitens Hirsch, drittens Bär, viertens Affe und fünftens Vogel, und körperliche Übungen und Atemübungen zur Heilung von Krankheiten und Stärkung der Füße für das Gehen umfassen." In der Zeit der Südlichen und der Nördlichen Dynastie (420–589) machte Fan Ye, der Autor der *Chronik der späteren Han-Dynastie* (后汉书), eine ähnliche Anmerkung. Unglücklicherweise sind in der antiken Literatur keine Illustrationen oder Diagramme vorhanden, die zeigen, wie die ursprünglich von Hua Tuo gelehrten Übungen praktiziert werden.

Tao Hongjing aus der Zeit der Südlichen und der Nördlichen Dynastie beschreibt in seinem Werk *Über die Pflege der geistigen Gesundheit und die Verlängerung der Lebenszeit* (养性延命录) die von Hua Tuo entwickelten Übungen. Da er nur rund 300 Jahre später gelebt hat, wird angenommen, dass Taos Wiedergabe akkurat ist. Da aber auch Tao Hongjings Erklärungen nicht von Illustrationen begleitet werden, sind die Übungen schwer zu praktizieren. Dieses Problem wurde in einigen Arbeiten der Ming-Dynastie (1368–1644) zum Teil behoben, besonders in dem Werk *Das Innerste des roten Phönix* (赤凤髓) von Zhou Lüjing und in Arbeiten aus der Qing-Dynastie (1644–1911), wie dem *Wunderbaren Buch der Langlebigkeit* (万寿仙书) von Cao Wuji und dem Werk *Schematische Illustrationen für die Praxis des Fünf-Tiere-Tanzes* (五禽舞功法图说) von Xi Xifan, in dem die Bewegungen der Übungen mit Diagrammen und Zeichnungen detailliert beschrieben werden. Die Bewegungen weichen stark von den in Tao Hongjings Werk beschriebenen ab, da neben den körperlichen Bewegungen auch die geistige Haltung, Konzentration etc. beschrieben werden. Außerdem werden die körperlichen Übungen und die Anpassung des Kreislaufs von Qi und Blut integriert. Diese antiken Werke liefern die Grundlage für moderne Studien der Übungen des Wu Qin Xi.

In der neueren Zeit haben sich viele Schulen des Wu Qin Xi herausgebildet und die Übungen wurden in unterschiedlicher Weise modifiziert. Einige Schulen bezeichnen sich sogar nach Hua Tuo. Nichtsdestoweniger halten sie alle an den grundlegenden Prinzipien der Imitation der Bewegungen der fünf wilden Tiere und der Kombination von körperlichen mit geistigen Übungen fest. Auch haben sie alle zum Ziel, Muskeln und Knochen zu stärken, den Kreislauf von Blut und Qi zu fördern, Krankheiten zu vermeiden oder zu heilen, bei guter Gesundheit zu bleiben und die Lebenszeit zu verlängern.

Bei der Praxis von Wu Qin Xi können zwei Varianten unterschieden werden: Die eine betont Übungen für Leib und Gliedmaßen, um die körperliche Konstitution zu stärken. Diese werden als „äußere Übungen" bezeichnet. Die andere Variante betont die geistigen Übungen, bei denen die spirituellen Aktivitäten und Ausdrücke der Tiere imitiert werden sollen, um die eigene geistige Aktivität anzuregen. Diese werden als „innere Übungen" bezeichnet. Diese Unterteilung kann in zwei weitere Gruppen unterteilt werden: Die „lebhafte" Praxis, die hauptsächlich der Selbstverteidigung dient, wird als „Fünf-Tiere-Boxen" bezeichnet und kann durch Anwendung bestimmter Schläge oder Massage auch zur Behandlung von Krankheiten angewendet werden. Werden die Übungen sanft und anmutig durchgeführt und haben die Stärkung der körperlichen Konstitution zum Ziel, dann nennt man sie „Fünf-Tiere-Tanz".

4

Die Abfolge der Übungen in diesem Buch, also Tiger, Hirsch, Bär, Affe und Vogel, wurde den *Annalen der Drei Reiche* entnommen. Jeder Abschnitt enthält außerdem die beiden in Tao Hongjings Werk erwähnten Varianten. Zusätzlich wird eine Ausgangsposition für die vorbereitende Anpassung des Atems und eine abschließende Position, deren Ziel es ist, das Qi an seinen Ursprung zurückzuführen, vorgestellt.

Wu Qin Xi ist leicht zu praktizieren, besonders für Menschen im mittleren oder höheren Alter, da es Übungen für den Körper, den Geist und das Qi integriert. Die Materialien, die für dieses Buch verwendet wurden, wurden aus antiken Arbeiten zu dem Thema ausgewählt und mit Beiträgen der modernen Wissenschaften, der menschlichen Bewegungslehre und physischer Ästhetik sowie den grundlegenden Theorien der traditionellen chinesischen Medizin über die inneren Organe und die Meridiane ergänzt.

Die physischen Bewegungen sollen den Mut und die Widerstandsfähigkeit des Tigers, die Ruhe und Geschmeidigkeit eines Hirschs, die Stetigkeit und Massivität eines Bären, die Gewandtheit und Geschicklichkeit eines Affen und die Geschwindigkeit und Anmut eines Vogels darstellen. Die äußeren körperlichen Übungen werden zu jedem Zeitpunkt mit begleitenden Übungen für den Geist verbunden.

Kapitel II

Charakteristika

Symmetrische Bewegungen – sicher und leicht zu lernen

Wu Qin Xi besteht aus symmetrischen Übungen und kann bequem ausgeübt werden. Der Lernende kann einen vollständigen Satz an Übungen oder eine bestimmte Übung wiederholt ausführen. Wu Qin Xi bietet sichere aerobe Übungen, die nur mäßiger körperlicher Anstrengung bedürfen. Die Ausübenden können Umfang und Intensität der Anstrengung, gemäß ihrer körperlichen Konstitution und Kraft, nach Belieben anpassen.

Die Bewegungsabläufe sind relativ einfach. Sowohl die dynamischen als auch die statischen Übungen können in unterschiedliche Abschnitte aufgeteilt werden. So kann zum Beispiel beim „Heben der Tigertatzen" die Bewegung der Hände in drei Abschnitte unterteilt werden: Das Drücken der Handflächen nach unten, das Beugen der Finger und die Drehung der Fäuste. Die Bewegung der Arme kann sogar in vier Abschnitte unterteilt werden: Das Heben der Arme bis in die Waagerechte, das Heben über die Waagerechte hinaus, das Zurückziehen der Arme auf die Waagerechte und das nach unten Drücken der Arme. Gleichzeitig sollte während der Durchführung der

Übungen die potenzielle Kraft des Körpers angewandt werden, wobei die Augen den Bewegungen der Hände folgen sollten und der Kopf entsprechend nach vorne oder nach hinten gebeugt wird. In der ersten Phase des Erlernens der Übung sollte die Konzentration auf den Bewegungen des Körpers liegen. Hat man sich an die Bewegungen gewöhnt und empfindet sie als angenehm, geht man zur nächsten Phase über. In der nächsten Phase werden die körperlichen Bewegungen mit den Atemübungen und der geistigen Lebhaftigkeit des Tigers verbunden.

Das Dehnen des Rumpfs und der Gliedmaßen und das Beugen der Gelenke

Wu Qin Xi ist eine umfassende Gruppe von Bewegungen, in deren Ablauf der Leib zu jeder Seite gedreht und in alle Richtungen gebogen, nach vorne und hinten gebeugt, gestreckt und gesenkt, zusammengezogen und gedehnt wird, um die Wirbelsäule zu trainieren. Die Taille gilt als die Hauptachse des Körpers und die zentrale Verbindung zwischen den Gliedmaßen. Daher kann das Trainieren der Gliedmaßen Bewegungsspielraum und -radius der Wirbelsäule erweitern und die physische Effizienz des Leibes erhöhen.

Übungen für die Finger und die Zehen werden besonders betont, um die Zirkulation des Blutes in die Gliedmaße zu verbessern. Außerdem werden, zur Kräftigung einiger Muskelgruppen, die im alltäglichen Leben nur selten verwendet werden, besondere Übungen vorgestellt, so zum Beispiel „Kollidierende Geweihe", „Laufender Hirsch", „Die Hüfte drehen wie ein Bär", „Affenklaue" und „Fliegen wie ein Vogel".

Innere und äußere Übungen, um den Körper zu entspannen und den Geist zu konzentrieren

Die Menschen der Antike entdeckten, dass Atemübungen die Zirkulation von Qi und Blut fördern, während die körperlichen Übungen die Funktion der Gelenke, Bänder und Muskeln verbessern. Wu Qin Xi ahmt zwar die Haltungen und Bewegungen von wilden Tieren nach. Es ist aber wichtig immer daran zu denken, dass die externen körperlichen Bewegungen durch besondere geistige Aktivitäten reguliert werden. Bei der Praxis von Wu Qin Xi sollten Sie versuchen, die physischen Bewegungen und den psychologischen Charakter des betreffenden Tieres zu imitieren, also den Mut und die Widerstandsfähigkeit des Tigers, die Ruhe und Geschmeidigkeit eines Hirschs, die Stetigkeit und Massivität eines Bären, die Gewandtheit und Gerissenheit eines Affen und die Geschwindigkeit und Anmut eines Vogels. Die äußeren physischen Aktivitäten sollten dem inneren Willen folgen und ihn befolgen. Gleichzeitig sollten die körperlichen Bewegungen mit den Atemübungen integriert werden, so dass Wille und Atem aufeinander abgestimmt sind.

Schülern des Wu Qin Xi sei empfohlen, die Muskeln so entspannt wie möglich zu halten, um sicherzustellen, dass die Übungen angenehm und reibungslos durchgeführt werden können, während gleichzeitig der Wille Qi und Blut durch den Körper leitet.

Dynamische mit statischen Übungen verbinden und physische Belastung und Kräftigung integrieren

Bei der Ausübung von Wu Qin Xi werden die Flexibilität des Körpers und der Gliedmaßen und das Bewegungsvermögen der Muskeln und Knochen verbessert, indem die Haltungen und Bewegungen von wilden Tieren nachgeahmt werden. Gleichzeitig sollten die statischen Übungen des Geistes durch die Praxis des sogenannten „rujing" (入 靜) mit den dynamischen Übungen des Körpers verbunden werden. Rujing ist eine geistige Übung, die dem Praktizierenden durch die Konzentration des Geistes auf die physischen Aktivitäten ermöglicht, sich in eine „ruhige Stimmung zu versetzen" und alle geistigen Ablenkungen auszuschalten.

Nach der Durchführung der Ausgangsposition, aller Bewegungsabläufe und der Abschlussposition sollten Sie eine sogenannte Zhan Zhuang Übung (Stehen wie ein Baum) durchführen, um den Atem anzupassen und für eine Weile in einem körperlich entspannten und geistig ruhigem Zustand zu verweilen. Währenddessen begeben Sie sich geistig in einen Zustand völliger Empathie mit den wilden Tieren, sehen mit Ihrem inneren Auge abwechselnd alle Tiere und fühlen die Zirkulation des Qi in Ihrem Körper, wobei Sie körperliche Entspannung mit mentaler Aktivität verbinden.

Die Abwechslung der beiden Zustände kann, durch eine angemessene Verbindung der dynamischen und statischen Übungen für den Geist und den Körper, zu einem kombinierten und sich gegenseitig verstärkenden Effekt führen.

11

Kapitel III
Tipps für die Praxis

Körperliche Voraussetzungen

Die Menschen der Antike waren der Ansicht, „wenn während der Übung die Haltung des Körpers nicht korrekt ist, werden Atmung, Verstand und Geist des Praktizierenden allesamt gestört." Vor dem Beginn der Übung sollte sich der Körper in einer natürlichen Haltung befinden, bei der Kopf und Rücken aufrecht gehalten werden, die Brust leicht eingesunken ist, die Schultern hängen und alle Muskeln entspannt sind. Gleichzeitig sollten Sie Ihren Geist beruhigen und gleichmäßig atmen. Während der Übung sollte die Haltung des jeweiligen Tieres so genau wie möglich imitiert werden. Achten Sie auf die Ausgangs- und die Abschlussposition, führen Sie jede Bewegung auf der richtigen Höhe und mit der angemessenen Kraft, Geschwindigkeit und Genauigkeit aus, ohne steif oder schwerfällig zu sein. Moderate und elastische physische Übungen des Leibes und der Gelenke können den Alterungsprozess verlangsamen.

Geistige Voraussetzungen

Eine wichtige geistige Voraussetzung für den Verlauf der Übungen ist die Verbindung der physischen Bewegungen mit dem geistigen Zustand des Körpers. Während der Übung ist der Geist die Grundlage für die Anpassung und Unterstützung der körperlichen Bewegungen. Eine besondere Eigenschaft des Geistes ist sein „romantischer Charme" beziehungsweise seine „Freude". Im Gegensatz zu anderen körperlichen Übungen sollte Wu Qin Xi in einer heiteren Art und Weise praktiziert werden, da eine möglichst genaue Imitation des geistigen Ausdrucks der Tiere den Praktizierenden Freude bereitet. Bei der Durchführung der Tiger-Übung sollten Sie das mutige und wilde Temperament des Tigers wiedergeben und bei der Hirsch-Übung die schnelle, gewandte und flinke Gangart des Hirsches übernehmen. Während der Bär-Übung imitieren Sie den schweren und festen Gang des Bären im Wald; bei der Affen-Übung versuchen Sie sich die lebendigen Bewegungen eines Affen, der in einen Baum klettert, vorzustellen und bei der Vogel-Übung ahmen Sie die Haltung eines Kranichs mit gerecktem Schnabel nach.

Anforderungen an den Verstand

Der Klassiker des Gelben Kaisers zur Inneren Medizin (黄帝内经) enthält folgenden Hinweis: „Das Herz [d.h. das Gehirn] ist der Oberbefehlshaber aller inneren Organe. Daher können alle kleinen Schwankungen des Herzens beachtliche Störungen der anderen Organe verursachen." Mentale Aktivitäten und emotionale Störungen beeinträchtigen die Funktion der inneren Organe. Daher sollte man bei der Durchführung der Übungen einen positiven mentalen Zustand anstreben und alle Emotionen oder Gedanken, die die körperliche Gesundheit beeinträchtigen könnten, vermeiden. Eine gute Methode dies zu erreichen ist, vor dem Beginn der eigentlichen Übung seinen Verstand auf den Dantian (etwa 5 Zentimeter unterhalb des Bauchnabels) zu konzentrieren und alle mentalen Ablenkungen zu verdrängen. Zur Vorbereitung auf die Imitation der physischen Bewegungen des jeweiligen Tieres sollten Sie versuchen, sich mit der mentalen Stimmung des Tieres zu identifizieren. Bei der Durchführung der Tiger-Übung sollten Sie versuchen, sich als wilder Tiger in den Bergen vorzustellen, der bereit ist, sich auf seine Beute zu stürzen. Bei der Hirsch-Übung stellen Sie sich vor, dass Sie kurz davor stehen, auf einer grünen Wiese mit einem anderen Hirsch die Geweihe zu kreuzen, während Sie sich bei der Bären-Übung denken, Sie seien ein Bär, der mit hin- und herschwingendem Körper durch die Wälder streift. Bei der Affen-Übung verwandeln Sie sich in einen Affen, der auf einen Pfirsichbaum klettert, um eine Frucht zu pflücken und bei der Vogel-Übung sind sie ein weißer Kranich an einem Flussufer, der seine Beine streckt und seine Flügel entfaltet, bereit, davon zu fliegen. Die Übungen für Körper, Geist und Atem sollten auf eine integrative Weise angeordnet und durchgeführt werden, um Blockaden der Meridiane zu beseitigen und die Zirkulation von Qi und Blut in ihnen zu fördern.

Anforderungen an die Atmung

Sie sollten Ihre Atmung permanent an die Intensität der körperlichen Anstrengung, der Sie sich unterziehen, und an die physische Kondition Ihres Körpers anpassen. Anfänger sollten zuerst lernen, wie man jede der körperlichen Übungen korrekt und angenehm durchführt. Erst wenn Sie die Übungen bei entspanntem Körper und ruhigem Geist durchführen können, sollten Sie beginnen, auf die Anpassung Ihres Atems zu achten. Die antiken Menschen haben festgestellt, dass es „Menschen erschöpfen kann, wenn sie hyperventilieren und dass sie sich bei absichtlich angehaltenem Atem sogar schaden können." Daher ist es wichtig, dass Sie während der Übungen solch atypisches Atmen vermeiden. Versuchen Sie, bei der Ausübung von Wu Qin Xi Ihren Atem mit den körperlichen Übungen zu koordinieren: Atmen Sie ein, wenn Sie Aufwärtsbewegungen machen, also zum Beispiel Ihre Gliedmaßen anheben oder sie ausstrecken und atmen Sie aus, wenn Sie Ihre Gliedmaßen senken oder sie einziehen. Auch bei der Vorbereitung einer Bewegung kann eingeatmet und bei ihrer Beendigung ausgeatmet werden. Allgemein ist natürliche Bauchatmung bei angespanntem Po zu empfehlen. Die Atmung muss natürlich, frei und gleichmäßig erfolgen und sollte nicht angehalten oder unterbrochen werden. Die Tiefe der Atmung und die Menge der eingeatmeten Luft muss angemessen sein - nicht zu viel und nicht zu wenig. Wenn Sie erlernt haben, wie man die physischen Übungen mit den Atemübungen koordiniert, können Sie schrittweise langsamer und tiefer Luft holen.

Die Übungen schrittweise erlernen

Obwohl die Anfangs- und Abschlusspositionen sowie die 10 Bewegungsabläufe des Wu Qin Xi einfach und leicht zu lernen sind, ist eine lange Phase kontinuierlicher Praxis notwendig, bis die Übungen elegant und gekonnt aussehen. Daher ist es empfehlenswert, zu Beginn mit einem Lehrer zu praktizieren und die Übungen simultan mit einer Gruppe auszuführen, um den Wechsel der Haltungen und die Abfolge der Bewegungen jeder der Übungen zu erlernen. Die Bewegungen der oberen und der unteren Gliedmaßen können zuerst getrennt erlernt und praktiziert werden, anschließend wird der Rumpf als Hauptachse genutzt, um alle Gliedmaßen miteinander in Verbindung zu setzen und den ganzen Körper zu trainieren. Nachdem jede einzelne Bewegung gekonnt vollzogen werden kann, sollten die verschiedenen Bewegungen einer Übung in Abfolge durchgeführt werden. Gleichzeitig sollten Sie versuchen, schrittweise die Atemübungen mit den körperlichen Übungen zu verbinden, und sich mehr darauf konzentrieren, das geistige Verhalten und die Stimmung des jeweiligen Tieres darzustellen. Dieser letzte Schritt sollte erst in der letzten Phase des Lernprozesses unternommen werden. Wu Qin Xi muss Schritt für Schritt von den niedrigeren zu den höheren Stufen und von den einfachen zu den komplizierten Techniken erlernt und praktiziert werden. Es ist von großer Bedeutung, zuerst eine gute technische Grundlage zu schaffen, um schädliche Nebenwirkungen zu vermeiden.

Individuelle Anforderungen

Berücksichtigen Sie bei der Ausübung von Wu Qin Xi Ihre eigene körperliche Verfassung. Dies gilt insbesondere für Menschen im mittleren und im höheren Alter und für Menschen von schlechter Gesundheit. Die Geschwindigkeit der Bewegungen, die Höhe, bis zu der die Gliedmaßen gehoben werden, die Reichweite der Bewegungen des Körpers und der Gliedmaßen, die Länge und Häufigkeit der Übungen sowie die Intensität der körperlichen Anstrengung müssen immer dem jeweiligen Individuum angepasst sein. Grundsätzlich gilt, dass Übungen in einem Umfang, der dem Übenden ein behagliches und angenehmes Gefühl verschafft, ideal sind. Es kann zwar zu leichtem Muskelkater kommen, die Übungen sollten aber nie so intensiv durchgeführt werden, dass sie das alltägliche Leben und die Arbeit beeinträchtigen. Sich bei den Übungen rücksichtslos zu verausgaben, kann schädlich sein.

Kapitel IV

Schrittweise Beschreibung
der Übungen

Teil 1
Handhaltungen, Körperhaltungen und das Beibehalten des Gleichgewichts

Grundlegende Handhaltungen

Die Tigerpfote

Spreizen Sie die Finger. Dabei ist der Raum zwischen Daumen und Zeigefinger besonders groß. Die ersten beiden Glieder der Finger sind zur Imitation der Pfote gekrümmt. [Abb. 1]

Abb. 1

Das Hirschgeweih

Der Daumen ist gestreckt und wird abgespreizt, Zeigefinger und kleiner Finger sind ebenfalls gestreckt, Mittel- und Ringfinger sind gekrümmt. [Abb. 2]

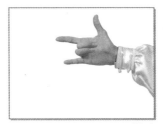

Abb. 2

Die Bärentatze

Legen Sie die Fingerspitzen von Daumen und Zeigefinger aneinander, so dass sie einen Kreis bilden. Die anderen Finger sind ebenfalls gekrümmt. [Abb. 3]

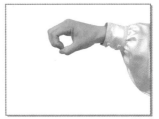

Abb. 3

Die Affenklaue

Legen Sie die Spitzen der Finger und des Daumens aneinander. Das Handgelenk ist gekrümmt. [Abb. 4]

Abb. 4

Der Vogelflügel

Alle Finger und der Daumen werden gestreckt, wobei Daumen, Zeigefinger und kleiner Finger nach oben gebogen sind und Mittel- und Ringfinger, einander berührend, leicht nach unten gebogen werden. [Abb. 5]

Abb. 5

Die Faust

Die Spitze des Daumens wird auf das körpernahe Ende des Ringfingers gedrückt und die anderen vier Finger werden um den Daumen geschlossen, um eine Faust zu bilden. [Abb. 6]

Abb. 6

Grundlegende Körperhaltungen

Der Bogenschritt

Stehen Sie mit einem Bein diagonal vor dem anderen, wobei die Füße durch einen angemessen großen Schritt voneinander getrennt sind. Das vordere Bein ist gebogen wie ein Bogen, wobei sich das Knie genau oberhalb der Zehenspitzen befindet. Der vordere Fuß ist leicht nach innen gerichtet. Das hintere Bein ist natürlich gestreckt, wobei der Fuß flach auf dem Boden aufliegt und die Zehen leicht nach innen zeigen. [Abb. 7]

Abb. 7

Der leere Schritt

Stellen Sie einen Fuß einen Schritt nach vorn. Die Ferse ruht leicht auf dem Boden und die Zehen zeigen nach oben. Das Knie ist leicht gebeugt. Das hintere Knie ist zu einer leicht hockenden Position gebeugt, während die Fußsohle des hinteren Fußes auf dem Boden aufliegt und die Zehenspitzen mehr nach vorne als zur Seite zeigen. Die Hüfte befindet sich, um das Körpergewicht zu stützen, über der Ferse des hinteren Fußes. [Abb. 8]

Abb. 8

Die T-Stellung

Die Füße stehen 10 bis 20 Zentimeter auseinander. Beide Knie sind gebeugt, wobei die Ferse eines Fußes angehoben ist und die Zehenspitzen gerade eben den Boden neben dem Spann des anderen Fußes berühren. Der Körper befindet sich in einer halb hockenden Position. Die Sohle des anderen Fußes liegt flach auf dem Boden auf und trägt das Körpergewicht. [Abb. 9]

Abb. 9

Die Beibehaltung des Gleichgewichts

Gleichgewicht halten, mit einem gehobenen Bein

Stehen Sie gerade auf einem Bein. Der Oberkörper ist aufgerichtet. Heben Sie das andere Bein bis der Unterschenkel in einem rechten Winkel abgewinkelt ist. Die Zehen zeigen nach unten. [Abb. 10]

Abb. 10

Gleichgewicht halten, mit einem nach hinten gestreckten Bein

Stehen Sie aufrecht auf einem Bein, wobei das andere Bein vom Boden abgehoben und nach hinten gestreckt wird. Der Fuß befindet sich in einer Linie mit dem Bein. Die Zehen zeigen nach unten. [Abb. 11]

Abb. 11

Teil 2:
Die Übungen (illustriert)

Ausgangsposition: Den Atem anpassen

Erste Position: Stehen Sie mit den Füßen nahe beieinander, die Arme hängen natürlich an der Seite des Körpers, Brust und Unterleib sind entspannt. Der Kopf wird aufrecht gehalten, wobei das Kinn leicht nach unten zeigt und die Zunge die obere Mundhöhle berührt. Die Augen schauen geradeaus. [Abb. 12]

Abb. 12

Zweite Position: Das linke Bein macht einen Schritt nach links, so dass die Füße parallel und schulterweit auseinander stehen. Stehen Sie bequem mit leicht gebeugten Knien. Holen Sie mehrmals tief Luft und konzentrieren Sie sich auf den Dantian, der sich rund 5 Zentimeter unterhalb des Bauchnabels befindet. [Abb. 13]

Dritte Position: Beugen Sie die Ellenbogen leicht und heben Sie beide Arme bis vor die Brust. Die Handflächen zeigen nach oben. [Abb. 14]

Vierte Position: Senken Sie die Arme, drehen Sie die Handflächen nach innen und drücken Sie sie nun langsam nach unten bis vor den Unterleib. Die Augen schauen weiterhin geradeaus. [Abb. 15]

Abb. 13   Abb. 14   Abb. 15

Ausgangsstellung: Wiederholen Sie die dritte und die vierte Position je zwei Mal und lassen Sie dann Ihre Arme wieder lose hängen. [Abb. 16]

Abb. 16

27

Zu berücksichtigen

☐ Heben und Senken Sie die Arme sanft und reibungslos, ohne zu pausieren. Konzentrieren Sie sich dabei auf den Laogong-Punkt (in der Mitte der Handfläche zwischen dem zweiten und dem dritten Mittelhandknochen – der Punkt, den die Spitze des Mittelfingers bei einer geschlossenen Faust berührt).

☐ Atmen Sie beim Heben der Arme ein und beim Senken der Arme aus.

Häufige Fehler

☐ Der Körper gerät ins Wanken, wenn der Fuß bei zu geraden Knien nach links bewegt wird.

☐ Die Handflächen werden in einer geraden Linie und nicht in einer Kurvenbewegung angehoben oder gesenkt, wobei die Ellenbogen seitlich abweichen und die Schultern zusammengezogen werden.

□ Um nicht die Balance zu verlieren, sollten die Knie leicht gebeugt sein und das Körpergewicht sollte auf einen Fuß verlagert werden, bevor der andere Fuß angehoben und bewegt wird. Der Fuß sollte langsam bewegt und mit dem Fußballen zuerst aufgesetzt werden.

□ Konzentrieren Sie sich auf die Schultern, bevor Sie die Arme in Bewegung setzen. Dabei werden die Ellenbogen unten gehalten. Bewegen Sie Ihre Handflächen gleichmäßig und natürlich in einem Bogen.

Funktion und Auswirkung der Übung

□ Die Beseitigung aller geistigen Ablenkungen durch die Annahme einer ruhigen Stimmung und die Anpassung des Atems sind eine Grundvoraussetzung, um sicherzustellen, dass man den größten Nutzen aus den Übungen zieht.

□ Die Praxis der Übungen unterstützt die Anpassung der Aktivitäten des Qi, fördert den Aufstieg von klarem Qi und den Abstieg von trübem Qi, beseitigt Abfallprodukte und unterstütz die Aufnahme von Nährstoffen.

Die Tiger-Übung

Bei der Durchführung der Tiger-Übung sollten Sie den Mut und die Wildheit des Tigers nachahmen. Die Augen sollten leuchten wie die eines Tigers, der seine Beute im Visier hat. Die Hände sollten mit kraftvollen Bewegungen ausgestreckt und zurückgezogen werden. Die Übung sollte energisch aber mit einer leichten inneren Sanftheit durchgeführt werden – „so heftig wie ein Gewitter und so ruhig und unerschütterlich wie der Berg Tai."

Das Heben der Tigerpfoten (Übung 1)

Erste Position: Lassen Sie die Arme lose hängen. Die Handflächen sind so gedreht, dass sie in Richtung Boden zeigen. Alle zehn Finger sind gespreizt und gebogen wie die Pfoten eines Tigers. Richten Sie Ihre Augen auf den Handrücken. [Abb. 17]

Abb. 17

Zweite Position: Drehen Sie die Handflächen nach außen. Beugen Sie zuerst den kleinen Finger und dann nacheinander die anderen vier Finger, um Fäuste zu bilden. Heben Sie die Fäuste langsam vor Ihrem Körper bis auf Schulterhöhe. [Abb. 18] Öffnen Sie die Fäuste und heben Sie die Hände so hoch wie möglich über Ihren Kopf. Formen Sie nun wieder Tigerpfoten. Schauen Sie dabei auf den Handrücken. [Abb. 19]

Abb. 18

Abb. 19

Dritte Position: Drehen Sie die Handflächen nach außen und ballen Sie erneut Fäuste. Drehen Sie die Fäuste so, dass die Seiten der Handflächen einander gegenüberliegen. Halten Sie den Blick auf die Fäuste gerichtet.

Vierte Position: Senken Sie die Fäuste bis auf Schulterhöhe und öffnen Sie sie. [Abb. 20] Senken Sie nun die Hände mit nach unten gerichteten Handflächen und gestreckten Fingern bis vor Ihren Unterleib. Halten Sie die Augen auf die Handrücken gerichtet. [Abb. 21]

Abb. 20

Abb. 21

31

Rückkehr in die Ausgangsposition: Die ersten vier Positionen werden drei Mal wiederholt. Lassen Sie die Hände natürlich an den Seiten der Oberschenkel hängen. Schauen Sie geradeaus. [Abb. 22]

Abb. 22

| Zu berücksichtigen |

☐ Konzentrieren Sie die Kraft in Ihren Fingern, wenn Sie sie strecken oder beugen, sie zu Tigerpfoten formen, nach außen drehen oder eine Faust bilden.

☐ Drücken Sie beim Heben der Handflächen die Brust heraus und ziehen Sie Ihren Unterleib ein, um den Körper zu dehnen, als würden Sie ein schweres Gewicht heben. Beim Senken der Handflächen ziehen sie die Brust zusammen und entspannen den Unterleib, um Qi zum Dantian zu bewegen.

☐ Die Augen sollten ununterbrochen den Bewegungen der Hände folgen.

☐ Atmen Sie beim Heben der Handflächen ein und beim Senken der Handflächen aus.

| Häufige Fehler |

☐ Die Tigerpfote wird nicht richtig geformt.

☐ Der Unterleib wird beim Heben der Handflächen herausgestreckt.

☐ Beugen Sie beim Schließen einer Faust zuerst das erste Finger-glied, dann das Zweite usw.

☐ Halten Sie sich aufrecht und unbeweglich, wenn Sie die Hände über den Kopf heben.

Funktion und Auswirkung der Übung

☐ Beim Heben der Handflächen wird saubere Luft eingeatmet und beim Senken der Handflächen verbrauchte Luft ausgeatmet. Dadurch wird die Zirkulation des Qi im Sanjiao (der Brust- und Bauchhöhle) gefördert und seine Funktion angepasst.

☐ Das Formen einer Tigerpfote, bevor eine Faust geballt wird, stärkt die Griffkraft und fördert die Zirkulation des Blutes in die vom Herzen entfernt liegenden Regionen der Arme.

33

Das Fangen der Beute (Übung 2)

Erste Position: Diese Übung schließt an die letzte Position der oben beschriebenen Übung an. Beide Fäuste werden lose geballt entlang der Seite des Körpers bis vor die Schultern angehoben. [Abb. 23]

Abb. 23

Zweite Position: Handflächen nach unten gerichtet und zu Tigerpfoten geformt werden beide Hände gerade nach vorne ausgestreckt
und in einem Bogen nach unten geschwungen. Gleichzeitig wird der
Oberkörper mit durchgedrückter Brust nach vorne gebeugt, die Hüfte
wird angespannt und die Augen sind gerade nach vorne gerichtet.
[Abb. 24 Frontal- und Seitenansicht]

Abb. 24 Frontalansicht   Abb. 24 Seitenansicht

Dritte Position: Beugen Sie die
Knie und nehmen Sie eine hockende
Position ein. Brust und Unterleib sind
eingezogen. Beide Hände sind zu Tigerpfoten geformt und werden in einer bo-
genförmigen Bewegung zur Außenseite
der Knie bewegt. Die Handflächen zeigen nach unten. Die Augen sind nach
vorne und unten gerichtet. [Abb. 25] Dann
werden beide Knie gestreckt, die Hüften
und der Unterleib nach vorne bewegt

Abb. 25

und der Oberkörper nach hinten gelehnt. Die Hände, zu hohlen Fäusten geballt, werden entlang der Seite des Körpers bis auf Brusthöhe gehoben. Die Augen schauen geradeaus. [Abb. 26 Frontal- und Seitenansicht]

Abb. 26 Frontalansicht

Abb. 26 Seitenansicht

Vierte Position: Das linke Bein wird mit gebeugtem Knie und erhobenen Händen angehoben. [Abb. 27] Dann wird es einen Schritt nach vorne geschoben und

Abb. 27

mit der Ferse aufgesetzt. Gleichzeitig wird das rechte Knie gebeugt, um den Körper in eine hockende Position zu bringen und einen linken leeren Schritt einzunehmen. Die Hände werden zu Tigerpfoten geformt und nach vorne und unten bis neben die Knie gestreckt, wobei die Handflächen nach unten zeigen und die Augen ebenfalls nach unten gerichtet sind – wie ein Tiger der über seine Beute herfällt. [Abb. 28] Dann wird der linke Fuß weggezogen und die Ausgangsposition eingenommen. [Abb. 29]

Abb. 28

Abb. 29

Fünfte bis achte Position: Wiederholen Sie die erste bis vierte Position, wobei die Bewegungen der linken nu n von der rechten Körperhälfte ausgeführt werden und umgekehrt. [Abb. 30 – 36]

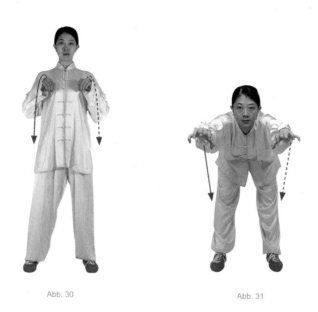

Abb. 30

Abb. 31

Abb. 32

Abb. 33

Abb. 34

Abb. 35

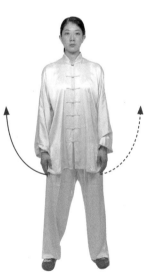

Abb. 36

Rückkehr in die Ausgangsposition: Nachdem Sie die erste bis zur achten Position abgeschlossen haben, heben Sie Ihre Handflächen vorne entlang des Körpers bis zur Seite der Brust. Die Handflächen sind dabei nach oben gerichtet und die Augen schauen geradeaus. [Abb. 37] Dann werden die Ellenbogen gebeugt und die Handflächen eingedreht und an den Seiten nach unten gedrückt, bis sie natürlich herabhängen. Der Blick ist weiter geradeaus gerichtet. [Abb. 38]

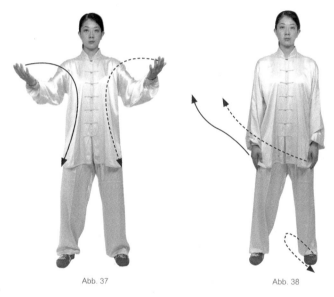

Abb. 37

Abb. 38

Zu berücksichtigen

□ Wenn der Körper nach vorne gebeugt wird, sollten beide Arme so weit wie möglich gestreckt werden. Die Hüften werden nach hinten gedrückt und die Wirbelsäule wird vollständig ausgestreckt.

□ Beugt man die Knie bei zusammengezogener Brust und eingezogenem Unterleib, um den Körper in eine hockende Position zu bringen, dann sollte das Strecken der Knie, die Vorwärtsbewegung der Hüften und des Unterleibs sowie das Beugen des Körpers nach hinten koordiniert und ohne Unterbrechung durchgeführt werden. Das Dehnen und Biegen der Wirbelsäule sowie das Heben und Niederdrücken der Handflächen sollte ebenfalls koordiniert durchgeführt werden.

□ Die im leeren Schritt vollzogene, nach unten führende „Fangen der Beute" Position, sollte zu Beginn sanft und dann immer energischer durchgeführt und von einem schnelleren und tieferen Ausatmen begleitet werden. Die für die Durchführung der Übung notwendige Kraft wird durch Qi aus dem Dantian verstärkt, welches bis in die Fingerspitzen geleitet werden sollte, um den Mut und die Wildheit des Tigers darzustellen.

□ Die Vitalität der Übung und ihre Reichweite sollte der physischen Kondition älterer oder schwacher Menschen angepasst werden.

Häufige Fehler

□ Unbeholfener Wechsel zwischen Faust und Tigerpfote und umgekehrt.

□ Unzureichende Dehnung des Körpers bei der nach vorne gebeugten Position sowie fehlende Koordination zwischen Händen und Körper, wenn der Körper gedehnt ist.

□ Schwanken des Körpers bei Einnahme des leeren Schritts.

Korrektur

□ Die „Fangen der Beute" Übung sollte zuerst sanft und dann immer energischer durchgeführt werden, wobei das Qi bis in die Fingerspitzen geleitet wird. Das Zurückziehen der Handflächen mit einem nach innen gedrehten kurvigen Bogen sollte zuerst energisch und dann immer sanfter vollzogen werden, wobei die Tigerpfote zu einer losen Faust umgeformt wird.

☐ Wenn der gebeugte Körper nach vorne gestreckt wird, sollten beide Hände in einem Bogen nach hinten gestreckt werden, um die Dehnung des Körpers zu unterstützen.

☐ Halten Sie Ihre Füße schräg versetzt, wenn Sie nach vorne treten, um das Gleichgewicht des Körpers zu erhalten.

Funktion und Auswirkung der Übung

☐ Das Beugen und Strecken kann die Beweglichkeit der Wirbelsäule verbessern, ihre Geschmeidigkeit und Biegfähigkeit erhöhen und die natürliche Krümmung der Wirbelsäule erhalten.

☐ Das Trainieren der Wirbelsäule stärkt die Lendenmuskulatur, hilft allgemeinen Problemen der Taille, wie zum Beispiel Verspannungen der Lendenmuskeln oder Verstauchungen der Hüfte, vorzubeugen oder sie zu behandeln.

☐ Der Dumai-Meridian verläuft entlang der hinteren mittleren Linie des Körpers (von Baozhong im unteren Teil des Unterleibs aufwärts bis zu Yinjiao beim Zahnfleisch des Oberkiefers). Der Renmai-Meridian streckt sich entlang der vorderen mittleren Linie des Körpers (von Baozhong aufwärts bis zu Chengjiang und läuft beim Yinjiao mit dem Dumai-Meridian zusammen). Daher kann das Beugen und Strecken der Wirbelsäule diese Meridiane aktivieren, Blockaden in ihnen beseitigen und das Gleichgewicht von Yin und Yang (den beiden gegensätzlichen und interaktiven Aspekten, die in allem Existierenden enthalten sind) in ihnen herstellen.

Hirsch-Übung

Hirsche fangen plötzlich an zu laufen und bleiben genauso plötzlich für lange Zeit still und stehen wachsam. Sie wackeln mit ihren
Wedeln und stoßen ihre Geweihe gegeneinander. Die Hirsch-Übung
enthält alle diese Bewegungen und ihre Ausführung kann die Meridiane Dumai und Renmai aktivieren. Die Hirsch-Übung sollte leicht und
sanft durchgeführt werden. Strecken Sie Ihre Glieder in einem angenehmen und ruhigen Gemütszustand, als wären Sie ein Hirsch, der
frei und glücklich mit anderen Hirschen auf weiten Ebenen oder an
Berghängen spielt.

42

Kollidierende Geweihe
(Übung 3)

Erste Position: Die Übung schließt unmittelbar an die letzte
oben beschriebene Position an. Beide Beine sind leicht gebeugt,
wobei das Körpergewicht auf dem rechten Bein lastet. Treten Sie mit
dem linken Fuß nach links vorne und stellen sie ihn mit der Ferse auf.
Gleichzeitig wird der Körper leicht nach rechts gedreht. Nachdem Sie

mit beiden Händen hohle Fäuste geballt haben, werden sie auf die Höhe der rechten Schulter gehoben. Die Finger der Faust sind zum Boden gerichtet. Die Augen folgen der rechten Faust. [Abb. 39]

Abb. 39

Position 2: Das linke Bein ist gebeugt, das Körpergewicht wird nach vorne verlagert und der linke Fuß wird fest auf den Boden gestellt und nach außen gedreht. Gleichzeitig wird der Körper nach links gewendet und beide Hände werden aufwärts und dann nach links bewegt. Anschließend werden die Hände, nachdem sie Hirschgeweihe geformt haben, in einem Bogen nach hinten geführt, wobei die Handflächen nach außen und die Finger nach hinten zeigen. Der linke Arm wird gebeugt, abgewinkelt und horizontal gestreckt, wobei der Ellenbogen die linke Seite der Taille berührt. Der rechte Arm wird bis auf die Höhe der Stirn angehoben und auf die linke hintere Seite gestreckt, wobei die Handflächen nach außen und die Finger nach hinten zeigen. Die Augen sollten auf die rechte Ferse gerichtet sein. [Abb. 40 Frontal- und Seitenansicht]

Abb. 40 Frontalansicht

Abb. 40 Seitenansicht

Dann wird der Körper zur rechten Seite gedreht und der linke Fuß wird zurückgezogen und etwa schulterbreit neben den rechten Fuß gesetzt. Gleichzeitig werden die Hände in einem Bogen nach oben und dann nach rechts unten bewegt. Die Hände wechseln ihre Haltung zu hohlen Fäusten. Schließlich werden sie gesenkt, bis sie an den Seiten hängen. Die Augen schauen geradeaus und nach unten. [Abb. 41]

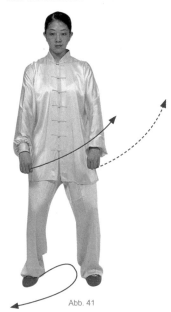

Abb. 41

Die dritte und die vierte Position: Die ersten beiden Positionen werden mit umgekehrten Seiten wiederholt. [Abb. 42 bis 44]

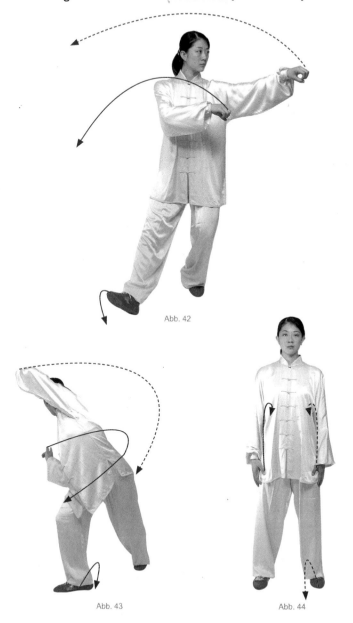

Abb. 42

Abb. 43

Abb. 44

Die fünfte bis achte Position: Wiederholen Sie die erste bis vierte Position. Anschließend wiederholen Sie alle acht Positionen erneut.

Zu beachten

☐ Wenn die Taille gedreht und seitlich gebeugt wird, sollte die hohle Seite der Taille steif gehalten werden, während die ausgestreckte Seite, mit Hilfe des nach hinten gestreckten und gehobenen Armes vollständig gedehnt wird.

☐ Die Haltung der unteren Gliedmaße sollte stabil beibehalten werden, indem die Ferse des hinteren Fußes fest auf den Boden gesetzt wird, um so den Drehradius des Unterleibs und der Taille zu erhöhen, ganz wie ein Hirsch, der mit dem Wedel wackelt.

☐ Die körperliche Übung sollte mit der Atemübung verbunden werden: Atmen Sie ein, wenn sie die Hände in einem Bogen heben und atmen Sie aus, wenn sie die Hände nach hinten strecken.

Häufige Fehler

☐ Wenn die Taille gedreht und seitlich gebeugt ist, wird der Körper oft zu weit nach vorne gelehnt.

☐ Sie können Ihre rechte Ferse nicht sehen, weil ihr Körper nicht weit genug zur Seite gebogen ist.

Korrektur

☐ Halten Sie die Hüften mit der Kraft des hinteren Beines unten, um eine aufrechte Position des Oberkörpers beizubehalten und die Reichweite der Drehung der Taille zu erhöhen.

☐ Beugen Sie das vordere Knie stärker, wenn Sie das Körpergewicht nach vorne verlagern und strecken Sie den erhobenen Arm weiter nach hinten und nach unten.

☐ Durch die seitliche Beugung und Wendung der Taille wird die gesamte Wirbelsäule gedreht, die Muskelkraft der Taille gestärkt und die Ablagerung von Fett in der Lendenregion verhindert oder reduziert.

☐ Die seitliche Beugung und Drehung der Taille, mit auf die hintere Ferse gerichteten Augen, kann Problemen der Wirbelsäule vorbeugen oder sie behandeln.

☐ In der Theorie der traditionellen chinesischen Medizin gilt die Taille als Sitz der Nieren. Daher kann das Training der Taille und der Hüfte die Taille stärken, die Nieren nähren und die Funktion von Muskeln und Knochen verbessern.

Laufender Hirsch (Übung 4)

Erste Position: Diese Übung schließt unmittelbar an die letzte Position der vorangegangenen Übung an. Das linke Bein wird mit gebeugtem Knie nach vorne gesetzt. Gleichzeitig werden beide Hände, nachdem sie zu hohlen Fäusten geballt wurden, in einem Bogen nach oben und vorne auf Schulterhöhe gehoben. Die gebeugten Handgelenke befinden sich in schulterweitem Abstand, wobei die Finger der Faust nach unten zeigen. Der Blick ist geradeaus gerichtet. [Abb. 45]

Abb. 45

47

Zweite Position: Verlagern Sie ihr Körpergewicht auf den hinteren Fuß (in diesem Fall der rechte) und beugen Sie das rechte Knie. Strecken Sie das linke Knie gerade, wobei die Sohlen von beiden Füßen flach auf dem Boden aufliegen. Hals und Nacken sind nach vorne gebeugt, der Unterleib ist eingezogen und der Kopf zeigt nach unten. Gleichzeitig werden beide Arme in sich gedreht und beide Hände in „Hirschgeweih-Haltung" nach vorne gestreckt, so, dass sich die Handrücken gegenüber liegen. [Abb. 46 Frontal- und Seitenansicht]

Abb. 46 Frontalansicht   Abb. 46 Seitenansicht

Dritte Position: Der Oberkörper wird aufrecht gehalten und das Gewicht wird nach vorne auf das linke Bein verlagert. Das linke Knie ist gebeugt und das rechte Bein zum Bogenschritt gestreckt. Die Schultern sind entspannt, die Ellenbogen unten, die Arme seitlich gedreht und die „Hirschgeweih" Hände werden in Schulterhöhe wieder zu hohlen Fäusten geballt, deren Handrücken nach oben zeigen. Die Augen gucken geradeaus. [Abb. 47]

Abb. 47

Vierte Position: Der linke Fuß wird zu-rückgezogen. Es wird eine offene Stellung eingenommen. Die Fäuste werden wieder geöffnet und die Hände hängen lose an den Seiten. Der Blick ist geradeaus gerichtet. [Abb. 48]

49

Abb. 48

Fünfte bis achte Position: Wiederholen Sie die erste bis vierte Position, wobei die Bewegungen der linken nun von der rechten Körperhälfte ausgeführt werden und umgekehrt. [Abb. 49 - 52]

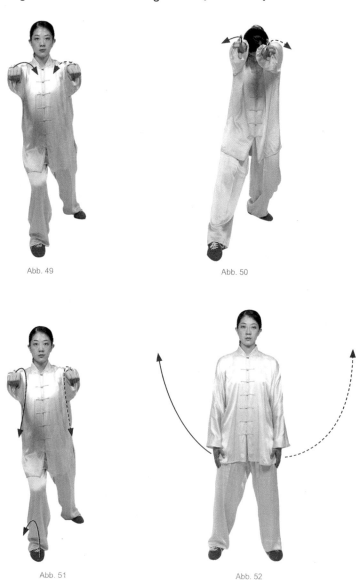

Abb. 49

Abb. 50

Abb. 51

Abb. 52

Rückkehr zur Ausgangsposition: Nachdem Sie die acht Übungen noch einmal wiederholt haben, werden die Hände an der Seite des Körpers bis auf Schulterhöhe angehoben, wobei die Handflächen nach oben zeigen und die Augen geradeaus schauen. [Abb. 53] Beide Ellenbogen sind gebeugt, die Handflächen werden einander angenähert und dann nach unten gedrückt. Anschließend hängen sie natürlich an der Seite des Körpers. Die Augen schauen weiter geradeaus. [Abb. 54]

Abb. 53

Abb. 54

□ Wenn Sie einen Fuß nach vorne setzen, bewegen Sie ihn in einem aufwärts führenden Bogen und setzen Sie ihn sanft auf den Boden, um den behaglichen und ruhigen Geist des Hirschs nachzuempfinden.

□ Wenn Sie das Körpergewicht nach hinten verlagern, sollten die Arme nach vorne gestreckt, die Brust zusammengezogen und der Rücken gebeugt werden, um eine „horizontale bogenähnliche" Haltung einzunehmen. Daraufhin wird der Kopf nach vorne und der Rücken nach hinten geschoben, der Unterleib wird eingezogen und die Hüften werden starr gehalten, um eine „vertikale bogenähnliche" Haltung einzunehmen, bei der Taille und Rücken vollständig gestreckt und gedehnt werden.

□ Atmen Sie ein, wenn sie ihr Körpergewicht nach hinten verlagern und aus, wenn Sie es nach vorne verlagern.

Häufige Fehler

□ Bei der nach links ausgeführten Bogenhaltung stehen die Füße in einer geraden Linie, wodurch es zu einem instabilen Stand kommt. Dadurch wird das Gleichgewicht des Oberkörpers gestört und es wird schwierig, eine entspannte Haltung einzunehmen.

□ Die „horizontale bogenähnliche" Haltung des Rückens und die „vertikale bogenähnliche" Haltung des Rumpfs werden nicht angemessen ausgeführt.

Korrekturen

□ Bei einem Schritt nach vorne sollte ein ausreichender und schräg versetzter Abstand zwischen den Füßen eingehalten werden.

□ Das Zusammenziehen der Brust kann durch eine zusätzliche Drehung der Schultern und Oberarme verstärkt werden. Das nach hinten Ziehen des Leibs kann durch ein verstärktes nach vorne Schieben des Kopfes und der Hüften und das Einziehen des Unterleibs intensiviert werden.

Funktion und Auswirkung der Übung

□ Die Schulter- und Rückenmuskulatur kann durch eine Drehung in sich und das nach vorne Strecken der Arme gedehnt werden, um einer steifen Schulter oder einem steifen Hals vorzubeugen oder sie zu behandeln. Die bogenförmige Rückenhaltung und der eingezogene Unterleib können die Kraft von Taille und Rücken stärken und so Deformationen der Wirbelsäule korrigieren.

□ Bei dem Schritt nach vorne wird der Dantian mit Qi gefüllt und bei der Verlagerung des Gewichtes nach hinten wird der Mingmen (auf der hinteren Mittellinie des Körpers in der Vertiefung zwischen dem zweiten und dritten Lendenwirbel) durch Qi aktiviert. Dies kräftigt angeborenes und nach der Geburt aufgenommenes Qi. Außerdem wird die Zirkulation von Qi durch den Dumai-Meridian gefördert und das Yang Qi des ganzen Körpers aktiviert.

Die Bären-Übung

Bei der Bären-Übung sollte die durch Schwerfälligkeit, Massigkeit und Langsamkeit charakterisierte Art des Bären imitiert werden. Bei der Durchführung dieser Übung wird die Zirkulation von Qi durch den Verstand geleitet und das Qi wird dem Dantian (ca. 5 Zentimeter unterhalb des Bauchnabels) zugeführt. Die äußere Übung sollte dynamisch und energisch vollzogen werden, während die innere Übung stabil und sanft vollführt werden sollte, um die äußere Schwerfälligkeit und die langsamen Bewegungen des Bären darzustellen sowie seine feine innere Intelligenz zu reflektieren.

Die Hüfte drehen wie ein Bär (Übung 5)

Erste Position: Diese Übung schließt unmittelbar an die letzte Position der vorangegangenen Übung an. Ballen Sie hohle Fäuste, um Bärentatzen zu imitieren, wobei die Seiten mit den Daumen einander gegenüber liegen. Halten Sie die Fäuste vor Ihren Unterleib. Die Augen ruhen auf den Fäusten. [Abb. 55]

Abb. 55

Zweite Position: Der Oberkörper wird im Uhrzeigersinn gedreht, wobei Taille und Unterleib die Achse bilden. Gleichzeitig werden die beiden Fäuste, der Rotation des Körpers folgend, entlang eines Kreises bewegt, der über die rechte Brust, den oberen Unterleib, die linke Brust und den unteren Unterleib führt. Die Augen sollten der Rotation des Oberkörpers folgen. [Abb. 56 bis 59]

Abb. 56

Abb. 57

Abb. 58

Abb. 59

Dritte und vierte Position: Wiederholen Sie die erste und zweite Position.

Fünfte bis achte Position: Wiederholen Sie die erste bis vierte Position, wobei die Bewegungen der linken nun von der rechten Körperhälfte ausgeführt werden und umgekehrt. [Abb. 60 bis 63]

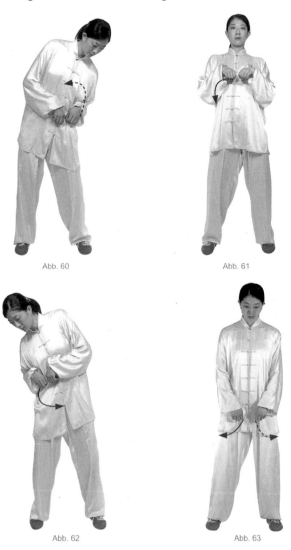

Abb. 60

Abb. 61

Abb. 62

Abb. 63

Rückkehr zur Ausgangsposition:
Nach dem Abschluss der letzten Position werden die Fäuste geöffnet und die Hände hängen entspannt neben dem Körper. Die Augen schauen geradeaus. [Abb. 64]

Abb. 64

Zu beachten

☐ Die Hände sollten auf natürliche Weise mit der Rotation des Oberkörpers synchronisiert werden.

☐ Die Bewegung der Hände ist eine äußere Übung, während die Rotation der Taille und des Unterleibs von einer inneren Kraft angetrieben wird, um die Zirkulation von Qi im Unterleib zum Dantian zu fördern.

☐ Atmen Sie bei der Aufwärtsbewegung ein und atmen Sie bei der Abwärtsbewegung beziehungsweise wenn Sie sich nach vorne lehnen aus.

Häufige Fehler

☐ Die Hände werden zu nahe am Unterleib gehalten oder eigenständig bewegt, statt sich der Rotation der Taille und des Unterleibes anzupassen.

☐ Der Oberkörper wird zu stark gedreht.

□ Legen Sie vor Beginn der Übung beide Hände leicht auf die Taille und den Unterleib und lassen Sie die Bewegung der Hände von der Rotation der Taille und des Unterleibs leiten. Schultern und Ellenbogen sind entspannt.

□ Bei dieser Übung sollten Taille und Hüften relativ starr gehalten werden, da sie die Achse bilden, auf der der Oberkörper rotiert. Die Bewegung sollte sich anfühlen, als würde sie einem vertikalen Kreis folgen. Wenn der Oberkörper aufwärts rotiert, dehnen Sie die Brust und ziehen sie den Unterleib ein, wobei Sie Taille und Unterleib strecken. Versuchen Sie die Brust zusammenzuziehen und den Unterleib zu entspannen, wenn der Oberkörper abwärts rotiert, um so Druck auf den Magen, die Leber und die Milz im oberen Unterleib auszuüben.

Funktion und Auswirkung der Übung

□ Das Training der Hüftgelenke und -muskeln kann Muskelverzerrungen in der Lendengegend und Verletzungen des weichen Gewebes des Rückens vorbeugen oder sie behandeln.

□ Die von den Händen begleitete Rotation des Oberkörpers um die Taille und den Unterleib kann die Zirkulation des inneren Qi fördern und die Funktion von Magen und Milz verbessern.

□ Auch entsteht auf diese Weise für die Verdauungsorgane ein massierender Effekt, der Verdauungsstörungen, Appetitlosigkeit, Blähungen des Bauchs, Verstopfungen oder Durchfall verhindern oder behandeln kann.

Sich wiegen wie ein Bär
(Übung 6)

Erste Position: Diese Übung schließt unmittelbar an die letzte Position der vorangegangenen Übung an. Das Gewicht wird auf das rechte Bein verlagert. Der linke Fuß wird vom Boden abgehoben, indem die linke Hüfte angehoben und das linke Knie leicht gebeugt wird. Ballen Sie hohle Fäuste und schauen Sie geradeaus. [Abb. 65]

Abb. 65

Zweite Position: Das Gewicht wird durch das Strecken des rechten Beins und durch die Platzierung des linken Fußes auf die linke vordere Seite des Körpers nach vorne verlagert. Der linke Fuß liegt flach auf dem Boden auf und zeigt nach vorne. Der Körper wird nach rechts gewendet, wobei der linke Arm in sich gedreht und nach vorne gestreckt wird. Die linke Faust wird oberhalb vor dem linken Knie positioniert, wobei die Handfläche nach links zeigt. Die rechte Faust wird hinter den Körper geführt. Ihre Handfläche ist nach hinten gerichtet. Die Augen schauen geradeaus. [Abb. 66]

Dritte Position: Der Körper wird von der rechten Seite zur linken Seite gewendet und das Körpergewicht wird nach hinten verlagert, indem das rechte Knie gebeugt und das linke Bein gestreckt wird. Drehen Sie die Taille und die Schultern. Die Arme sollten in einem Bogen nach vorne beziehungsweise nach hinten geschwungen werden. Die rechte Faust wird oberhalb vor das linke Knie gebracht, wobei die Handflächen nach rechts zeigen. Die linke Faust wird hinter den Körper bewegt. Ihre Handfläche zeigt nach hinten. Die Augen sind auf die linke vordere Seite gerichtet. [Abb. 67]

Abb. 66   Abb. 67

Vierte Position: Drehen Sie den Körper von links nach rechts. Verlagern Sie dabei das Körpergewicht nach vorne, indem das linke Bein gebeugt und das rechte Bein gestreckt wird. Gleichzeitig wird der linke Arm in sich gedreht und nach vorne bewegt. Die linke Faust wird oberhalb vor dem linken Knie positioniert. Ihre Handfläche zeigt nach links. Die rechte Faust wird hinter den Körper geführt. Ihre Handfläche zeigt nach hinten. Die Augen sind auf die linke vordere Seite gerichtet. [Abb. 68]

Abb. 68

Fünfte bis achte Position: Wiederholen Sie die erste bis vierte Position, wobei die Bewegungen der linken nun von der rechten Körperhälfte ausgeführt werden und umgekehrt. [Abb. 69 bis 72]

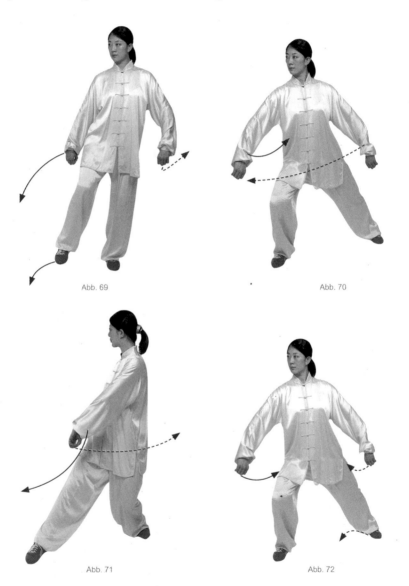

Abb. 69

Abb. 70

Abb. 71

Abb. 72

Rückkehr zur Ausgangsposition:

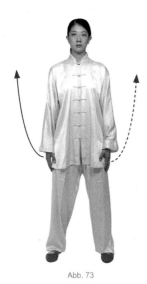

Abb. 73

Nachdem Sie alle acht Positionen noch einmal wiederholt haben, bewegen Sie Ihren linken Fuß nach vorne, um die Ausgangsposition einzunehmen. Beide Hände hängen natürlich an der Seite des Körpers. [Ab. 73] Beide Arme werden nun seitlich am Körper bis auf Brusthöhe aufwärts geführt. Die Handflächen zeigen nach oben und die Augen schauen geradeaus. [Abb. 74] Beide Ellenbogen werden gebeugt und die Handflächen werden in sich gedreht. Anschließend werden die Hände nach unten gedrückt und hängen dann wieder natürlich an der Seite des Körpers. Die Augen schauen geradeaus. [Abb. 75]

Abb. 74

Abb. 75

☐ Der Oberschenkel wird durch das Zusammenziehen der seitlichen Gruppe der Hüftmuskulatur angehoben, dann wird das Knie gebeugt.

☐ Beim Nachvornetreten wird der Fuß seitlich, mit einem größer als schulterweitem Abstand, aufgesetzt. Stellen Sie Ihren Fuß fest auf den Boden, so dass eine Erschütterung entsteht, die bis in das Hüftgelenk zu spüren ist, um auf diese Weise den schweren Gang des Bären zu imitieren.

Häufige Fehler

☐ Das Bein wird angehoben und das Knie wird gebeugt, ohne das zuerst die Hüfte angehoben wurde.

☐ Der Fuß wird zu sanft auf den Boden gesetzt, um eine Erschütterung zu erzeugen, die bis in das Hüftgelenk spürbar ist.

Korrekturen

☐ Üben Sie vor der Durchführung der gesamten Übung das Anheben der Hüften: Halten Sie die Schultern gerade, wenn Sie das Körpergewicht auf eins der Beine verlagern. Heben Sie ein Bein, indem Sie zuerst die Hüfte anheben.

☐ Wenn Sie den Fuß auf den Boden setzten, sollten das Fuß- und das Kniegelenk entspannt sein, um die Erschütterung bis in das Hüftgelenk übertragen zu können.

Funktion und Auswirkung der Übung

☐ Das Drehen des Körpers auf beide Seiten kann die Oberbauchgegend beeinflussen und auf diese Weise die Funktionen von Leber und Milz anpassen.

☐ Das Gehen mit Anheben der Hüften und der beim schweren Auftreten entstehende Stoß können die Kraft der Muskulatur um das Hüftgelenk verstärken, den Gleichgewichtssinn fördern und bei älteren Menschen einer Schwäche der unteren Gliedmaße vorbeugen oder sie behandeln. Außerdem kann einer Beschädigung des Hüftgelenks und der Kniegelenke vorgebeugt werden.

Die Affen-Übung

Der Affe ist ein intelligentes und gewandtes Tier, das gerne herumtollt und in Bäumen klettert. Versuchen Sie beim Ausführen der Affen-Übung die leichten und schnellen Bewegungen des Affen nachzuahmen. Bei der inneren Übung sollte ihr Geist wie ein heller Mond sein, der in einer ruhigen und stillen Nacht scheint. Die Affen-Übung wird also nach außen dynamisch und nach innen statisch durchgeführt.

Heben der Affenklauen (Übung 7)

Erste Übung: Die Übung schließt unmittelbar an die letzte Position der vorhergehenden Übung an. Beide Hände werden mit gespreizten Fingern vor dem Körper gehalten. [Abb. 76]

Abb. 76

Dann werden die Handgelenke gebeugt und die gestreckten Finger werden aneinander gelegt, um die hakenförmigen Klauen eines Affen zu bilden. [Abb. 77]

Zweite Position: Die Hände werden bis auf Brusthöhe angehoben, Schultern und Unterleib sind zusammengezogen und der Po ist zusammengepresst. Gleichzeitig werden die Fersen angehoben und der Kopf wird nach links gedreht. Die Augen schauen ebenfalls nach links. [Abb. 78 Frontal- und Seitenansicht]

Abb. 77   Abb. 78 Frontalansicht   Abb. 78 Seitenansicht

Dritte Position: Der Kopf wird wieder nach vorne gedreht, Schultern, Unterleib und Po werden entspannt, die Fersen werden auf den Boden gesetzt und die Hände verbleiben auf Schulterhöhe, wobei die Finger gestreckt sind und die Handflächen nach unten zeigen. Die Augen schauen geradeaus. [Abb. 79]

Abb. 79

Vierte Position: Die Handflächen werden nach unten gedrückt und hängen anschließend natürlich an der Seite des Körpers. Die Augen schauen geradeaus. [Abb. 80]

Abb. 80

Fünfte bis achte Position: Wiederholen Sie die erste bis vierte Position, wobei der Kopf aber nach rechts gerichtet ist. [Abb. 81 bis 85]

Rückkehr zur Ausgangsposition: Nehmen Sie die Ausgangsposition wieder ein, nachdem Sie alle acht Positionen noch einmal wiederholt haben.

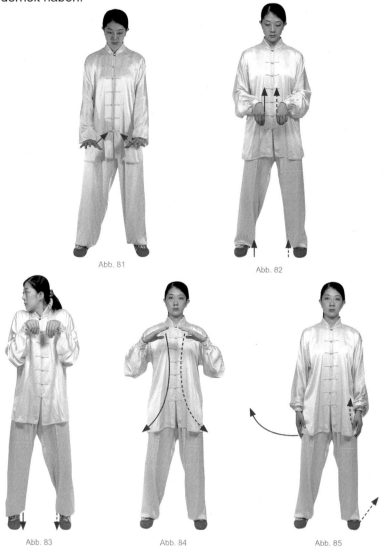

Abb. 81

Abb. 82

Abb. 83

Abb. 84

Abb. 85

□ Die Affenklaue sollte schnell geformt werden.

□ Verlagern Sie das Zentrum Ihres Körpergewichts aufwärts, während Sie Schultern und Unterleib zusammenziehen, den Po anspannen, sich auf die Zehen stellen und dann den Kopf drehen. Alle Bewegungen sollten adäquat und bis zum Äußersten durchgeführt werden.

□ Die körperliche Übung sollte in Koordination mit der Atemübung durchgeführt werden: Atmen Sie beim Heben der Hände und beim Anspannen des Pos ein und atmen Sie beim Herunterdrücken der Hände und beim Entspannen des Pos aus.

Häufige Fehler

□ Schwanken beim Heben der Fersen entsteht durch eine fehlerhafte Verlagerung des Körpergewichts.

□ Nicht hinreichendes Zusammenziehen von Schultern, Brust, Rücken und oberen Gliedmaßen.

Korrekturen

□ Versuchen Sie Ihren Kopf exakt vertikal zu heben und verschieben Sie dabei ihr Körpergewicht gleichmäßig, um einen stabilen Stand zu wahren.

□ Der gesamte Oberkörper sollte auf ein Zentrum in der Mitte des Brustbeins konzentriert werden, wobei Hals, Schultern und Arme eng zusammengenommen werden, um die Körperhaltung eines Affen zu imitieren.

□ Das schnelle Formen der Affenklaue kann die neuromuskuläre Reaktionsfähigkeit verbessern.

□ Das Heben der Hände während Schultern und Brust zusammengezogen werden und eingeatmet wird, verringert die Kapazität der Brust und drückt die Blutgefäße im Hals zusammen. Bei der Rückkehr zur Ausgangsposition wird die Kapazität der Brust und der Blutgefäße im Hals wieder erweitert, wodurch die Atmung verbessert, das Herz massiert und die Blutversorgung des Hirns gefördert wird.

□ Das Stehen auf den Zehen kann die Muskelkraft in den Beinen stärken und den Gleichgewichtssinn fördern.

Obst pflücken (Übung 8)

Erste Position: Diese Übung schließt unmittelbar an die letzte Position der vorangegangenen Übung an. Der linke Fuß wird nach links hinten versetzt, wobei die Zehenspitzen den Boden berühren und

Abb. 86

71

das Gewicht auf dem rechten Bein liegt. Das rechte Knie ist gebeugt. Unterdessen wird der linke Ellenbogen gebeugt und die linke Hand nimmt an der linken Seite der Taille die Form der Affenklaue an. Die rechte Hand wird mit nach unten zeigender Handfläche vor die rechte Seite des Körpers geführt. [Abb. 86]

Zweite Position: Das Gewicht wird nach hinten auf den linken Fuß verlagert, der nun fest auf dem Boden aufliegt. Das linke Knie ist gebeugt, um eine hockende Position zu ermöglichen. Der rechte Fuß wird an die Seite des linken Fußes gezogen, wobei die Zehenspitzen den Boden berühren und eine rechte T-Stellung entsteht. Gleichzeitig wird die rechte Hand in einem Bogen zuerst nach unten, über den Unterleib und dann aufwärts zur linken Körperseite bis neben das Gesicht geführt. Die Handfläche zeigt auf die linke Schläfe. Die Augen folgen der Bewegung. Der Kopf wird nach rechts oben gerichtet. [Abb. 87]

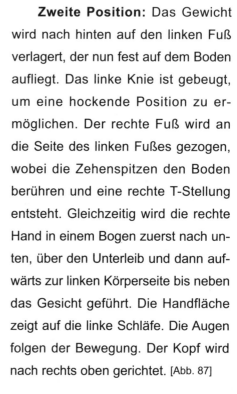

Abb. 87

Abb. 88

Dritte Position: Die rechte Hand wird mit nach unten gerichteter Handfläche entlang der linken Körperseite bis auf Höhe der linken Hüfte bewegt. Die Augen folgen der Bewegung der Hand. [Abb. 88] Machen Sie mit dem rechten Fuß einen großen Schritt nach rechts vorne, stellen Sie ihn gerade auf und strecken Sie den linken Fuß, bis nur noch die Zehenspitzen den Boden berühren, dabei verlagern

Sie das Körpergewicht auf das rechte Bein. Unterdessen bewegen Sie die rechte Hand in einem Bogen vor dem Körper nach rechts, bis sie sich etwas über Schulterhöhe befindet, wo sie die Affenklaue formt. Die linke Hand wird nach vorne und aufwärts bewegt, wobei das Handgelenk gebeugt ist und die Fingerspitzen zusammengelegt sind, als würde man Obst von einem Baum pflücken. Die Augen folgen der linken Hand. [Abb. 89]

Abb. 89

Vierte Position: Das Gewicht wird nach hinten verlagert. Die linke Hand wird zur Faust geballt und die rechte Hand hängt locker vor der rechten Körperseite, wobei die Daumenseite nach vorne zeigt. [Abb. 90] Das linke Knie wird gebeugt und der rechte Fuß wird an die Seite des linken Fußes gezogen, wobei er den Boden nur mit den Zehenspitzen berührt, um eine rechte T-Stellung zu bilden. Gleichzeitig wird der linke Ellenbogen gebeugt und die linke

Abb. 90

73

Hand neben das linke Ohr geführt. Die Handfläche der linken Hand zeigt nach oben und die Finger sind gespreizt, als würden sie einen Pfirsich halten. Nun wird die rechte Hand in einem Bogen vor dem Körper entlang bis knapp unterhalb des linken Ellenbogens bewegt, als würde sie ihn stützen. Beide Augen sind auf die linke Handfläche gerichtet. [Abb. 91]

Abb. 91

Fünfte bis achte Position: Wiederholen Sie die erste bis vierte Position, wobei die Bewegungen der linken nun von der rechten Körperhälfte ausgeführt werden und umgekehrt. [Abb. 92 bis 97]

Abb. 92

Abb. 93

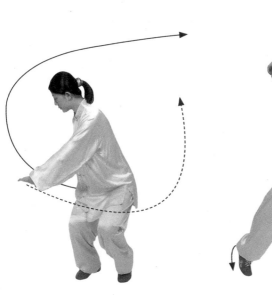

Abb. 94

Abb. 95

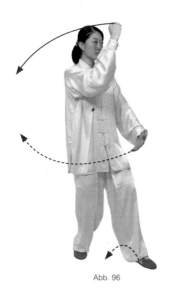

Abb. 96

Abb. 97

Rückkehr in die Ausgangsposition: Nehmen Sie die Ausgangsposition ein, nachdem Sie die acht Positionen noch einmal wiederholt haben. [Abb. 98] Beide Hände werden seitlich vor dem Körper bis auf Brusthöhe angehoben. Die Augen schauen geradeaus. [Abb. 99] Beide Handflächen werden aufeinander zu bewegt und dann bei gebeugten Ellenbogen nach unten gepresst. Anschließend hängen die Hände locker an der Seite des Körpers. Die Augen sind nach vorne gerichtet. [Abb. 100]

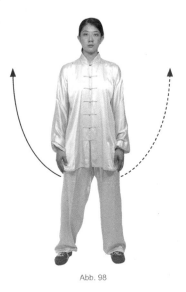

Abb. 98

Abb. 99

Abb. 100

☐ Die Augen sollten den Bewegungen der Arme folgen und dabei den scharfen Blick eines Affen imitieren.

☐ Ziehen Sie den Körper zusammen, wenn Sie in die hockende Position gehen, aber strecken Sie ihn vollständig, als würden Sie nach etwas oberhalb Ihres Kopfes greifen, wenn Sie den Schritt nach vorne machen. Die Affenklaue sollte schnell geformt werden, so als würde er nach einem Pfirsich greifen. Sie sollte auch schnell wieder geöffnet werden, als würde der Affe einen Pfirsich in der Hand halten.

☐ Versuchen Sie die behänden und plötzlichen Bewegungen eines Affen zu imitieren, ohne sie zu übertreiben.

Häufige Fehler

☐ Fehlende Koordination zwischen den Bewegungen der oberen und der unteren Gliedmaße.

☐ Bei der Imitation des Pfirsichpflückens wird die Handfläche in einer geraden Linie und nicht in einem Bogen geführt, wodurch die Affenklaue nicht rechtzeitig geformt werden kann.

77

Korrekturen

☐ Beim Einnehmen der hockenden Position sollte der Oberarm mit gebeugtem Ellenbogen eng am Körper gehalten werden. Beim Nachvornetreten sollte der Arm vollständig gestreckt sein.

☐ Beim „Pflücken des Pfirsichs" sollte die Hand in einem Bogen bewegt und die Affenklaue erst geformt werden, wenn die Hand sich bereits in der richtigen Position befindet.

Funktion und Auswirkung der Übung

☐ Die Bewegung der Augen begleitend zur Rotation des Halses, fördert die Durchblutung des Gehirns.

☐ Die komplizierte Imitation eines Affen der einen Pfirsich pflückt, kann die körperlichen und die geistigen Aktivitäten in Einklang bringen und Druck auf das Gehirn vermindern. Daher ist die Übung bei der Vorbeugung und Behandlung von Nervosität und Depressionen hilfreich.

Die Vogel-Übung

Im Rahmen der Vogel-Übung wird ein Kranich imitiert. Kraniche gelten in China traditionell als Symbole von Ruhe, Geschmeidigkeit und Langlebigkeit. Während der Durchführung dieser Übung werden Sie einen aufrecht stehenden Kranich nachahmen, der seinen Schnabel nach oben reckt und Sorgenlosigkeit und Zufriedenheit ausstrahlt. Auch werden Sie die entspannte Art imitieren, mit der er seine Flügel schlägt. Schieben Sie den Hals nach vorne und versteifen Sie den Rücken, um den Fluss des Qis aufwärts zu lenken, wenn Sie Ihre Arme heben. Ziehen Sie die Brust ein und entspannen Sie den Unterleib, um den Fluss des Qis abwärts zum Dantian im unteren Unterleib zu lenken, wenn Sie Ihre Arme gemeinsam nach unten bewegen. Die Vogel-Übung kann die Zirkulation von Qi und Blut in allen Meridianen fördern und die Beweglichkeit aller Gliedmaßen verbessern.

Sich nach oben strecken
(Übung 9)

Erste Position: Diese Übung schließt unmittelbar an die letzte Position der vorangegangenen Übung an. Nehmen Sie eine halb hockende Position ein. Legen Sie Ihre Hände auf Höhe des Unterleibs

übereinander. Dabei zeigen die Handflächen nach unten und die Fingerspitzen
nach vorne. Die Augen sind auf die Hände gerichtet. [Abb. 101]

Zweite Position: Heben Sie beide
Hände über den Kopf. Der Körper ist
leicht nach vorne gebeugt, die Schultern
und der Hals sind zusammengezogen,
die Brust ist herausgedrückt, die Taille

Abb. 101

nach vorne geschoben und die Augen schauen geradeaus und nach
unten. [Abb. 102 Frontal- und Seitenansicht]

Abb. 102 Frontalansicht

Abb. 102 Seitenansicht

Dritte Position: Nehmen Sie eine halb hockende Position ein. Hände und Augen werden wie in der ersten Position gehalten. [Abb. 103]

Vierte Position: Das Körpergewicht wird auf die rechte Seite verlagert, das rechte Bein wird gerade gestreckt und das linke Bein wird vom Boden genommen und nach hinten gestreckt. Gleichzeitig werden beide Arme zur Seite bewegt, um Vogelflügel zu imitieren, dabei zeigen die Handflächen nach oben und Kinn, Hals, Brust und Taille werden nach vorne geschoben. Die Augen schauen geradeaus. [Abb. 104 Frontal- und Seitenansicht]

Abb. 103

Abb. 104 Frontalansicht

Abb. 104 Seitenansicht

Fünfte bis achte Position: Wiederholen Sie die erste bis vierte Position, wobei die Bewegungen der linken nun von der rechten Körperhälfte ausgeführt werden und umgekehrt. [Abb. 105 bis 108]

Abb. 105

Abb. 106

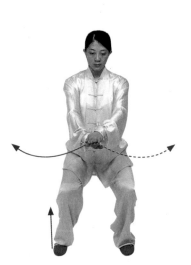

Abb. 107

Abb. 108

Rückkehr in die Ausgangs-position: Nachdem alle acht Positionen wiederholt wurden, stellen Sie den linken Fuß wieder auf den Boden, wobei die Füße auseinander stehen und die Arme locker an der Seite des Körpers hängen. Die Augen schauen geradeaus. [Abb. 109]

Abb. 109

Zu beachten

☐ Die aufeinanderliegenden Hände sollten sich in einem angenehmen Abstand vor dem Unterleib befinden.

☐ Ziehen Sie den Hals, die Schultern und die Hüftenregion zusammen, wenn Sie die Hände heben. Entspannen Sie diese Körperteile, wenn Sie die Hände wieder senken.

☐ Wenn die Arme nach hinten gestreckt werden, sollte der Körper nach vorne geschoben werden, um eine bogenähnliche Gestalt anzunehmen.

Häufige Fehler

☐ Mangelhafte Anpassung der Spannung oder der Lockerheit des Körpers.

☐ Probleme, beim Stehen auf einem Bein das Gleichgewicht zu halten.

83

□ Üben Sie das Übereinanderlegen und das Heben der Hände vor dem Körper sowie das Zusammenziehen des Körpers beim Heben der Hände und das Entspannen beim Senken der Hände, bevor Sie die Übung durchführen.

□ Um nicht das Gleichgewicht zu verlieren, verlagern Sie erst das Körpergewicht auf das leicht gebeugte, stützende Bein, bevor Sie das andere Bein nach hinten strecken. Ein durchgestrecktes stützendes Bein stabilisiert die Haltung.

Funktion und Auswirkung der Übung

□ Durch das Heben der Hände wird die Kapazität der Brust vergrößert. Beim Herunterdrücken der Hände wird die Ventilation und die Kapazität der Lunge verbessert und dadurch das Ausatmen von verbrauchter Luft und der Fluss von Qi zum Dantian gefördert. Außerdem kann diese Bewegung Symptome chronischer Bronchitis und Lungenemphyseme (Lungenaufblähung) mildern.

□ Durch das Heben der Hände und das Strecken der Arme nach oben und nach hinten werden der Dumai- und der Renmai-Meridian stimuliert.

84

Fliegen wie ein Vogel
(Übung 10)

Erste Position: Die Übung schließt unmittelbar an die letzte Position der vorangegangenen Übung an. Nehmen Sie eine halb hockende Position ein. Die Arme hängen vor dem Unterleib, mit sich ge-

genüberliegenden Handflächen. Die Augen schauen geradeaus und nach unten. [Abb. 110]

Zweite Position: Das rechte Bein wird gestreckt und das linke Bein wird gebeugt und angehoben, bis es einen rechten Winkel bildet. Die Zehen zeigen nach unten. Gleichzeitig werden die Arme seitlich angehoben, bis sich die Hände mit nach unten zeigenden Handflächen etwas oberhalb der Schultern befinden. Die Augen schauen geradeaus. [Abb. 111]

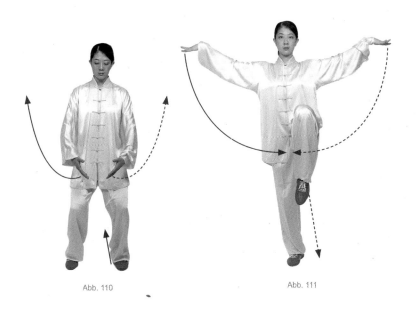

Abb. 110   Abb. 111

Dritte Position: Stellen Sie die Zehenspitzen des linken Fußes aus einer halb hockenden Position heraus neben den rechten Fuß. Gleichzeitig bewegen Sie beide Hände vor den Unterleib, so dass sich die Handflächen gegenüber liegen. Die Augen sind geradeaus und nach unten gerichtet. [Abb. 112]

Vierte Position: Strecken Sie ihr rechtes Bein und heben Sie das linke Bein mit gebeugtem Knie, bis es einen rechten Winkel bildet. Die Zehen zeigen nach unten. Gleichzeitig heben Sie beide Arme in einem seitlichen Bogen über den Kopf, bis sich die Handrücken der Hände fast berühren. Die Fingerspitzen zeigen nach oben. Die Augen schauen geradeaus. [Abb. 113]

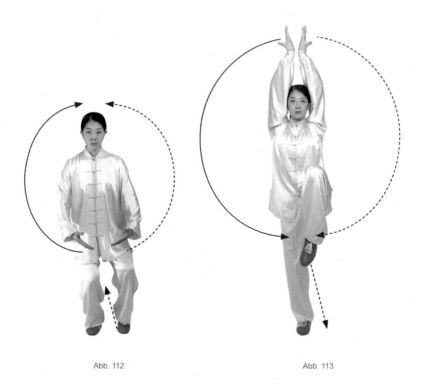

Abb. 112   Abb. 113

Fünfte Position: Stellen Sie den linken Fuß neben den rechten Fuß, so dass die Sohlen beider Füße flach auf dem Boden aufliegen und nehmen Sie eine halb hockende Haltung ein. Führen Sie Ihre Hände gleichzeitig in dieselbe Haltung wie in der ersten Position zurück. Die Augen schauen geradeaus und nach unten. [Abb. 114]

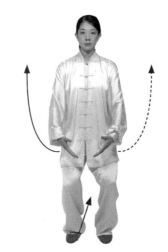

Abb. 114

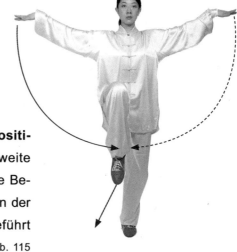

Abb. 115

Sechste bis neunte Position: Wiederholen Sie die zweite bis fünfte Position, wobei die Bewegungen der linken nun von der rechten Körperhälfte ausgeführt werden und umgekehrt. [Abb. 115 bis 118]

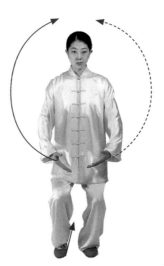

Abb. 116

Abb. 117

Abb. 118

Rückkehr in die Ausgangsposition: Nachdem Sie die zweite bis neunte Position noch einmal wiederholt haben, heben Sie beide Hände seitlich bis auf Höhe der Brust an. Die Handflächen zeigen nach oben und die Augen sind geradeaus gerichtet. [Abb. 119] Die Ellenbogen sind gebeugt, die Handflächen werden nach innen gedreht und dann nach unten gedrückt. Anschließend hängen die Hände locker an der Seite des Körpers. Die Augen schauen geradeaus. [Abb. 120]

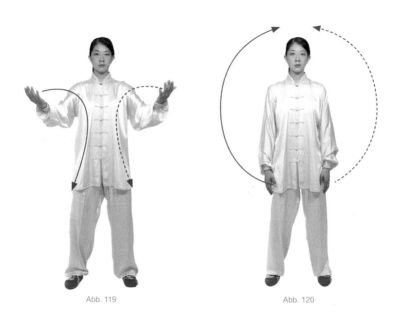

Abb. 119   Abb. 120

☐ Strecken Sie die Arme beim seitlichen Ausstrecken so weit aus wie Sie können, um die Brust so stark wie möglich zu dehnen. Wenn die Arme zur Mitte und nach unten bewegt werden, sollte die Brust beidseitig so stark wie möglich zusammengezogen werden.

☐ Die oberen und die unteren Gliedmaßen sollten koordiniert und simultan bewegt werden.

☐ Atmen Sie beim Heben der Hände ein und beim Senken der Hände aus.

Häufige Fehler

☐ Die Arme werden auf eine steife und zackige Weise gestreckt und bewegt.

☐ Zittrige Atmung und Haltung aufgrund zu starker Anspannung.

Korrektur

☐ Die Arme sollten mit aus der Schulter kommender Kraft in einer Abfolge von Schritten angehoben werden. Dabei sollten zuerst die Schultern herabgesenkt, dann die Ellenbogen entspannt und schließlich die Handgelenke angehoben werden. Beim Senken der Arme sollten zuerst die Schultern entspannt, dann die Ellenbogen gesenkt und schließlich die Handflächen bis vor den Unterleib heruntergedrückt werden.

☐ Atmen Sie ein und strecken Sie den Kopf so weit wie möglich, wenn Sie die Arme heben. Dabei ist die Brust herausgedrückt und der Unterleib eingezogen. Atmen Sie beim Senken der Arme aus und entspannen Sie den Unterleib und die Hüfte, um den Fluss von Qi zum Dantian zu fördern.

☐ Das Auf- und Abbewegen der Arme in Kombination mit der Atemübung fördert die Atmung und erweitert die Kapazität der Brust. Außerdem übt es einen massierenden Einfluss auf das Herz und die Lunge aus und verbessert die Funktion der Sauerstoffzufuhr des Blutes.

☐ Das Emporstoßen, besonders von Daumen und Zeigefinger, stimuliert den Lungenmeridian (der im oberen Unterleib beginnt und sich entlang der mittleren Oberfläche der Oberarme bis in die Spitzen von Daumen und Zeigefinger zieht), die Zirkulation von Qi durch diesen Meridian und verbessert die Funktion von Herz und Lunge.

☐ Das Stehen auf einem Bein verbessert den Gleichgewichtssinn.

Übung zum Abwärmen und zur Beförderung von Qi zum Dantian

Erste Position: Beide Hände werden über den Kopf gehoben. Die Handflächen zeigen nach unten. [Abb. 121]

91

Abb. 121

Zweite Position: Beide Hände werden langsam mit nach unten geöffneten Handflächen bis vor den Unterleib herabgedrückt, wobei die Fingerspitzen sich gegenüber liegen. Die Augen schauen geradeaus. [Abb. 122] Diese Übung sollte ein oder zwei Mal wiederholt werden.

Dritte Position: Die Hände beschreiben in Nabelhöhe langsam einen horizontalen Bogen und nähern sich auf diese Weise einander an. Die Handflächen sind gegeneinander gerichtet. Die Augen sind geradeaus gerichtet. [Abb. 123]

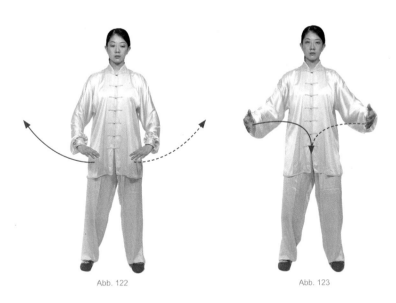

Abb. 122   Abb. 123

Vierte Position: Die Hände werden aufeinander auf den Unterleib gelegt, wobei sie zwischen Daumen und Zeigefinger miteinander verschränkt sind. Beruhigen Sie mit halb geschlossenen Augen Ihren Atem und konzentrieren Sie sich einige Minuten lang auf den Dantian. [Abb. 124]

Fünfte Position: Öffnen Sie langsam die Augen und reiben Sie vor Ihrer Brust die Handflächen aneinander, bis sie heiß sind. [Abb. 125]

Sechste Position: Reiben Sie mit beiden Handflächen drei bis fünf Mal ihr ganzes Gesicht. [Abb. 126]

Abb. 124   Abb. 125   Abb. 126

93

Siebte Position: Bewegen Sie Ihre Handflächen nun weiter nach hinten und reiben Sie zuerst Ihre Schädeldecke, dann die Region hinter Ihren Ohren und dann abwärts bis zur vorderen Brust. Lassen Sie nun Ihre Arme locker an der Seite Ihres Körpers herabhängen. Die Augen sind geradeaus gerichtet. [Abb. 127]

Achte Position: Stellen Sie den linken Fuß direkt neben den rechten Fuß, wobei beide Füße flach auf dem Boden aufliegen sollten, um die Ausgangsposition anzunehmen. Die Augen schauen geradeaus. [Abb. 128]

Abb. 127

Abb. 128

Zu beachten

☐ Beim Herabdrücken der Hände sollte der ganze Körper nacheinander vom Kopf bis zu den Fußsohlen entspannt werden.

☐ Beim Beschreiben des horizontalen Bogens vor dem Nabel

sollten die Hände natürlich und gleichmäßig bewegt werden, so als würde man etwas vor dem Unterleib aufnehmen und in den Dantian befördern.

☐ Ungewolltes Anheben der Brust und der Schultern beim Heben der Hände.

☐ Die Hände beschreiben keinen angemessenen Bogen.

☐ Der Körper sollte stabil und im Gleichgewicht und die Schultern sollten entspannt sein, wenn die Arme angehoben werden.

☐ Wenn die Hände an der Seite des Körpers nach oben geführt werden oder wenn sie vor dem Unterleib einen Bogen beschreiben, sollte der Geist auf das Zentrum der Handflächen konzentriert sein.

☐ „Qi zurück in sein Gefäß leiten" bedeutet, im Verlauf der körperlichen Übungen, bei gleichmäßiger Atmung Qi außer- und innerhalb des Körpers zu sammeln und in den Dantian zu leiten, um die Meridiane funktionsfähig zu halten, Qi und Blut zu regulieren und die inneren Organe anzupassen.

☐ Nach dem Reiben des Gesichts und des Kopfes mit den Handflächen ist der Normalzustand des Körpers wieder hergestellt und die Übung wurde erfolgreich abgeschlossen.

Anhang:

In dem Buch erwähnte
Akkupunkte

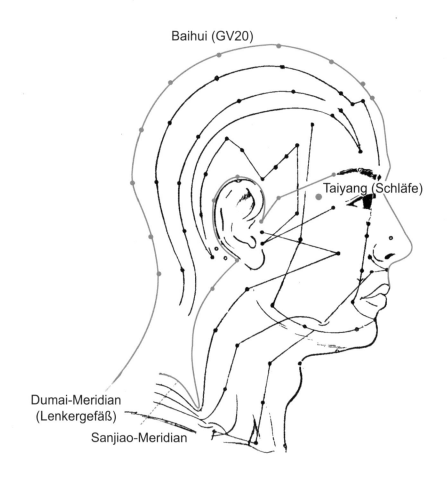

Baihui (GV20)

Taiyang (Schläfe)

Dumai-Meridian
(Lenkergefäß)

Sanjiao-Meridian

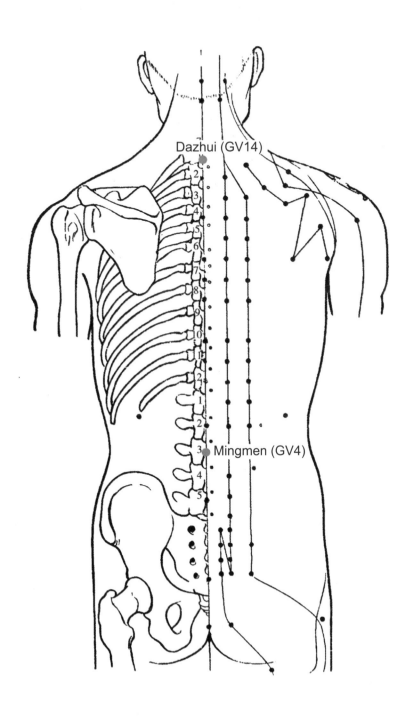

Dazhui (GV14)

Mingmen (GV4)

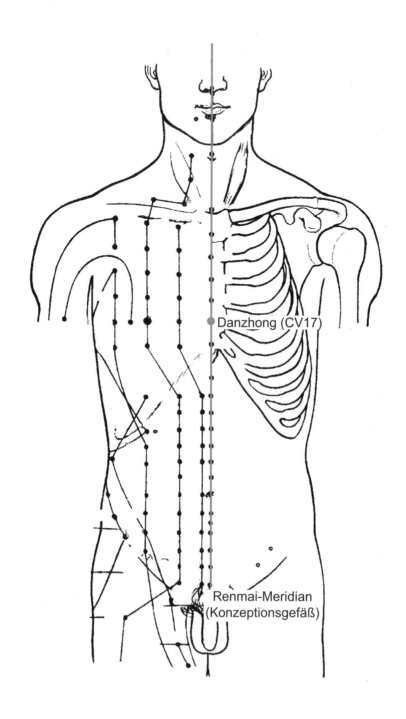

Danzhong (CV17)

Renmai-Meridian
(Konzeptionsgefäß)

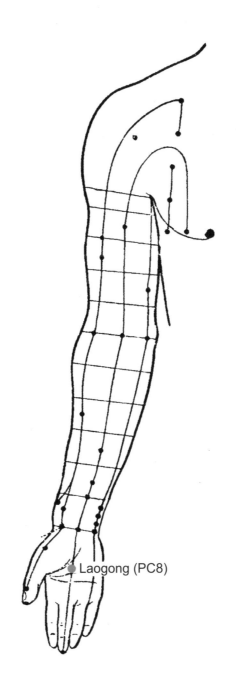

Laogong (PC8)

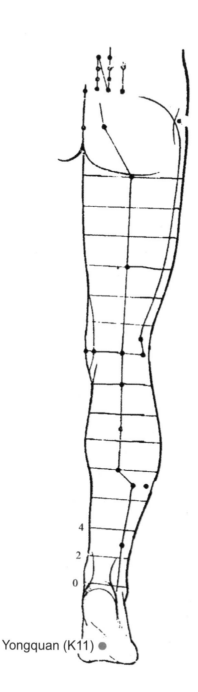

4
2
0

Yongquan (K11) ●

图书在版编目（CIP）数据

五禽戏：德文/国家体育总局健身气功管理中心编.
北京：外文出版社，2008
　（健身气功丛书）
　ISBN　978-7-119-05431-5
　I.五... II.国 ... III.五禽戏（古代体育）-德文 IV. G852.9
中国版本图书馆CIP数据核字（2008）第114205号

德文翻译：Dorian Liedtke
德文审定：任树银
责任编辑：杨春燕　付　瑶
印刷监制：冯　浩

健身气功——五禽戏
国家体育总局健身气功管理中心　编

© 2008外文出版社
出版发行：
外文出版社（中国北京百万庄大街24号）
邮政编码：　100037
网址：http://www.flp.com.cn
电话：008610-68320579（总编室）
　　　008610-68995852（发行部）
　　　008610-68327750（版权部）
制版：
北京维诺传媒文化有限公司
印刷：
北京外文印刷厂
开本：787mm×1092mm　1/16　　印张：6.75
2008年第1版第1次印刷
（德文）
ISBN 978-7-119-05431-5
08500（平装）
14-G-3786P